AF603981

LA POESÍA Y EL TROVO

ExLibric

ASENSIO LIARTE

LA POESÍA Y EL TROVO

EXLIBRIC
ANTEQUERA 2023

LA POESÍA Y EL TROVO

© Asensio Liarte
Diseño de portada: Dpto. de Diseño Gráfico Exlibric

Iª edición

© ExLibric, 2023.

Editado por: ExLibric
c/ Cueva de Viera, 2, Local 3
Centro Negocios CADI
29200 Antequera (Málaga)
Teléfono: 952 70 60 04
Fax: 952 84 55 03
Correo electrónico: exlibric@exlibric.com
Internet: www.exlibric.com

ISBN: 978-84-10076-19-8
Depósito Legal: MA 1528-2023

Nota de la editorial: ExLibric pertenece a Innovación y Cualificación S. L.

ASENSIO LIARTE

LA POESÍA Y EL TROVO

A mi hermano Pepe,
gran aficionado al trovo del Campo de Cartagena

I. PERSONAJES

AL HUERTO

Y yo me lo llevé al huerto
pensando que era cabal,
mas su honor estaba muerto
por un crudo vendaval.

Venía de otras batallas,
de poner su pica en Flandes,
tenía múltiples medallas
como un señor de los Andes.

Cuando supe tal cual era,
puse pies en polvorosa
y me aparté de su vera
en pos de una mejor cosa.

Ahora yo me siento libre,
sin candados ni ataduras,
yo soy como el buen jengibre
que da cuerpo a las verduras.

No soy mujer que se pueda
fácilmente conquistar,
pues soy como la rueda
que atraviesa el pedregal.

AÑORANZAS

Añoro los viejos tiempos,
cuando el sol nos sonreía
y no existían los contratiempos,
pues tu amor yo poseía.

Por algo que yo no sé
nuestras vidas divergieron
y nuestro amor se nos fue
donde las risas murieron.

Ya sé que no tiene vuelta
lo que el destino tejió
y que hay una pena suelta
que un mal hado sentenció.

Todavía sigo confiando,
aunque sé que estérilmente,
en que me sigas amando
como el río a su corriente.

Caminante

El hombre que pierde el rumbo
se queda sin horizonte,
se excluye, pues, de este mundo,
perdido en lejano monte.

El discurrir de la vida
condiciona el devenir,
infligiéndonos la herida
de un incierto porvenir.

Nadie conoce su sino,
aunque en su libro esté escrito,
otro le traza el camino
que lo lleva al infinito.

Quizá fuera conveniente
conocer nuestro final
y así seguir la corriente
de una vida sin artificial.

Candela

Candela de mis pensares,
lucecita de mis noches,
me abrumas con tus achares
y me matas con tus reproches.

Colofón de mis tormentos,
bálsamo para mi alma,
de mis penas alimentos
que me devuelven la calma.

Cuando te miro a los ojos,
sus destellos me encocoran,
me enlutas con tus antojos,
pero al punto me enamoran.

Continuar ya no puedo,
soy presa de la emoción,
pues como al eral en el ruedo
me domina la pasión.

CASAMIENTO

Casar con un futbolista
o casar con un torero,
mejor que un estraperlista
o un pobre talabartero.

Pero la madre ignorante,
la que sólo ve el dinero,
no lo duda ni un instante:
siempre prefiere al torero.

La madre, de buena fe,
no desdeña al futbolista,
mejor el del balompié
que al hijo de una modista.

Este mundo consumista
hasta a la madre obnubila,
pues nublándole la vista
su entendimiento mutila.

CHUSQUERO

Soy un poeta chusquero,
pero con gran afición
que huye de lo embustero
y del odiado baldón,
pero que adora el caldero.

Perdonadme, aficionados
a la buena poesía,
si mis versos son tomados
de infantes de guardería
o de conventos cerrados.

No me propongo volver
a insistir en lo que pienso,
ni quiero pertenecer,
ni ser parte del disenso,
ni al verso desmerecer.

Volviendo a la primera estrofa,
sentado quiero dejar
que quien del verso se mofa
no se merece medrar
al amor de una alcachofa.

Podría seguir hablando
de tan importante tema,
pero lo debo ir dejando,
no vaya a ser que un fonema
todo lo vaya enredando.

Con qué poco

Con un sándwich de algarrobas
y un vaso de agua de pozo
y una docena de escobas,
es posible hallar el gozo.

Austero donde los haya,
no necesita fortuna,
le basta con una playa
y el reflejo de la luna.

Y esto sólo él necesita
para vivir dignamente:
un fuego y una marmita
y una sopa bien caliente.

Vivir en el consumismo
es propio del desenfreno,
mas tampoco el comunismo
nos libró del mal ajeno.

Confesiones

Me lo ha dicho un pajarito,
que no tienes corazón
y que desde jovencito
tu mundo es la sinrazón.

Tal vez sí que sea posible
tu gran carencia enmendar,
y si esto resulta factible,
solución yo voy a hallar.

En el cielo y sus confines,
donde habita la bondad,
allí están los serafines
que deshacen la maldad.

No debe ser imposible
trocar la pena en belleza,
porque siempre es preferible
conservar fría la cabeza.

CREER

Creo en lo mucho y en lo poco,
creo en la bondad del humano.
También creo en el Barroco
y en la honradez del hermano,
y en el caliente Siroco.

Creo que ha de llegar el día
en que todos seamos buenos,
y creo en el alma mía
y en los humanos morenos
no aceptados todavía.

Creo en el pan de centeno
y en las torrijas de miel,
y creo en aquel Nazareno
que hubo de beber la hiel,
siendo tan justo y tan bueno.

Y creo en el vino de uva
y en el queso de la oveja.
Creo en quien al cielo suba
y en los cuentos de Calleja,
y en la capital de Cuba.

Es necesario creer
para no ser desgraciado,
pues quien no lo sabe hacer
nunca será bien amado,
ni la gloria merecer.

Disrupción

Para evitar contratiempo,
mi cerebro ha de entender
que mi cuerpo hace ya tiempo
no lo puede obedecer
sin pérdida del aliento.

Quiere hacer lo que no debe,
lo que no puede tampoco
y lo que el cuerpo no apruebe;
no obedecerlo es de loco
o de ignorante percebe.

Ha poco, sin ir más lejos,
algo de eso me ha pasado
y por motivos complejos
por los suelos yo he rodado
de las aceras anejos.

Por fortuna nada roto,
solamente mi autoestima,
que cual grande terremoto
mi bienestar elimina
y mis dotes de devoto.

Devoto de mis posibles
distantes de lo que fueron,
mis carencias son visibles
y las cosas ocurrieron
por causas bien entendibles.

DISTANCIA

La distancia es infinita
por más que anhelo, no llego
y nunca acudo a la cita,
pues avanzo como un ciego.

Si me quieres ayudar
guiando mis torpes pasos,
sólo tienes que aceptar
que mis dones son escasos.

Seguro que los luceros
saben dónde yo me encuentro
y son sus rayos certeros
los que siento tan adentro.

Lo que veo no es bastante
para encontrar mi destino,
pues soy como el mal amante
que se pierde en el camino.

DIVERGENCIAS

Cuando tú vienes, yo voy.
Cuando yo hablo, tú callas.
Cuando tú no estás, yo soy
el que pierde las batallas.

Será el destino el que manda
cómo pasan nuestras vidas.
Será que el cielo demanda
nuestras precisas medidas.

Yo nunca podré saber
el porqué de ese destierro
y, sin quererlo pretender,
tengo horror al duro hierro.

Lo sabré, quizás algún día
si las palabras emergen,
por qué razón cada día
nuestros caminos divergen.

Don Cosme

Tan presto viene don Cosme
que aparenta galanura,
y no es que eso a mí me asombre,
porque sea él un padre cura.

No tengo dios ni patrón
que me marque a mí el camino,
ni portal ni colofón
que pueda alterar mi sino.

Esa obtusa villanía
que ni oro puro ennoblece,
ya que toda felonía
al bien nacido envilece.

A un cristiano muy piadoso
no lo convence un señuelo,
pues lo egregio y portentoso
no hace que pique el anzuelo.

DUDOSO

El que duda, dudas tiene
y el que no duda, también,
pues dudando se entretiene
dejando de hacer el bien
mientras su duda mantiene.

La duda es al ser humano
lo que a la cabra es el monte,
lo que la maldad al tirano,
la lejanía al horizonte
y la manzana al ufano.

Quien no duda es que está muerto,
pues la vida es un dudar,
siendo el motivo más cierto
el de este mundo dejar:
eso es lo que he descubierto.

Si yo dudo, me preguntas,
no sé qué he de contestar.
Yo tengo más dudas juntas
que pelillos tiene el mar
y hormigas las marabuntas.

Te digo que estoy dudando
de lo que estoy escribiendo
¿Sabes lo que estoy pensando?
Que tal vez esté durmiendo
o a la tecla errónea dando.

El devenir

Quién se lo iba a decir
al otrora hombre importante
que por un mal devenir
fuera un pobre mendicante
sin amor ni porvenir.

Y cuando la gran fortuna
sin cesar le sonreía,
piedad no tenía ninguna
del que limosna pedía
para mitigar su hambruna.

Viéndose desheredado
de su pasada abundancia,
cayó en cuenta que el pecado
sí castiga la arrogancia
y al cretino desalmado.

Perdió todos los amigos,
los que él tenerlos creía,
y ahora eran los mendigos
a los que siempre acudía
a compartir sus castigos.

Y aquí acaba la quintilla
que descubre al avariento,
siendo la gente sencilla
la que no sufre el tormento
de toreada novilla.

El fin

Allí donde vida haya
no me vengas a buscar,
yo habré saltado la valla
de mi postrer transitar.

Cuando la vida se acaba
ella ya nunca más vuelve,
como atún en almadraba
la cruda muerte la envuelve.

Acepta que transeúnte
en este mundo tú eres,
como costura al pespunte
hilo invisible prefieres.

La candela de mi lumbre
que con el tiempo se apaga
es como piedra de alumbre
que abre lacerante llaga.

El lerdo

Piensa el lerdo en su lerdez,
muy proclive a la ignorancia,
que adora la estupidez
con mezcla de petulancia.

Peligro es ser gobernado
por un sabio tontorrón,
ignorante redomado
y estúpido entre un millón.

Mas ¿sabes lo que acontece?
Pues que con cierta frecuencia
le brindamos nuestra anuencia
al que justo nos parece.

De lo dicho se deduce
que no somos renuentes
a adorar lo que reluce.
Somos así de inconsecuentes.

El pillo

Confundir la inteligencia
con la habilidad del pillo
es como creer que hay ciencia
en las cerdas de un cepillo.

El pillo tiene recursos
para al incauto engañar
y en sus arteros discursos
hace al sabio claudicar.

Guárdate de los ladinos,
los que inocentes parecen
son de por sí muy dañinos,
ningún respeto merecen.

No te muestres confiado,
porque no to er mundo e güeno,
sólo es un demonio alado
que te da a beber veneno.

El oponente

Siempre una fea palabra,
siempre un gesto displicente;
en lugar de hablar, él ladra,
nadando a contracorriente.

Algo le parece justo
sólo si a él le conviene,
tiene un discurso vetusto
y en sus trece se mantiene.

Y si le piden consenso,
responde con malos modos,
cuando le es propicio el censo
lo achaca a los reyes godos.

Una cosa clara tiene,
que el poder le pertenece,
y al pesebre sólo viene
si el asunto le apetece.

El que destaca

Despertar después de un sueño
en un mullido jergón
hace ensanchar el empeño
del más grande campeón.

Quien destaca en cualquier cosa
merece ser admirado,
la razón es poderosa
para ser así encumbrado.

Llegar a la cumbre es
la obtención de la excelencia,
pues no es cosa verédes
ser aizcolari en Plasencia.

Mirar hacia atrás a veces,
aunque sólo sea un instante,
permite coger las mieses
y auxiliar al caminante.

El salinero

Era la niña un primor,
no le importaba el dinero,
pues su verdadero amor
era un joven salinero.

«Te quiero más que a mi ser,
más que al brillante lucero,
hoy te quiero más que ayer»,
ella decía al salinero.

Hubo un día en que llegó
un muy rico aventurero,
con el tunante marchó
la novia del salinero.

Volvió rica y sin amor
en busca de su lucero,
mas sólo encontró el dolor
la novia del salinero.

Él no lo pudo resistir,
lo venció la sinrazón;
ya más no quiso vivir,
se partió su corazón.

Ahora llora sin consuelo
sin escuchar un «te quiero»,
viviendo su eterno duelo
la novia del salinero.

El secreto

El secreto de Antoñete
él tampoco lo conoce.
Pone a cualquiera en un brete,
privándole de algún goce,
aunque el cielo le promete.

Antoñete tiene fama
de mentir siempre que habla;
si le da la real gana,
una perorata entabla
subiéndose en la peana.

Ya no lo pueden creer,
su verdad son las mentiras.
Él siempre suele volver,
hurgando entre las heridas
para el mal volver a hacer.

No te fíes de los tunantes
que como el mismo Antoñete
dice que son elefantes,
la mentira te la mete,
son consumados mangantes.

Sin buscarlos tan siquiera,
tú los puedes encontrar
Antoñetes por doquiera,
siempre te van a engañar
de manera torticera.

EMPATÍA

Tengo un gran dolor de verte
cuando tú imploras cariño,
por mor de tu mala suerte
lloras como lo hace niño.

Es sincero tu penar
clamando por las esquinas,
ciega de tanto llorar
cual la flor de las endrinas.

Siempre ayudarte quisiera,
mas lo impiden mis problemas
y no encuentro la manera
de soslayar las pamemas.

Siempre que la noche muere
y la luz todo lo inunda,
mi alma sólo prefiere
que mi vida sea fecunda.

FACTOS

Hombre de vasta cultura,
humilde y egregio amigo,
generoso en la mesura
y del infundio al abrigo,
y adalid de la cordura.

Letrado de formación
brillante en su trayectoria,
gran maestro en su función
con una envidiable historia
y es buen hijo de Morón.

Como amigo, indiscutible,
generoso y muy sincero,
su talento es discernible,
él es un buen compañero
por ser sincero y creíble.

Y estas pocas alabanzas
tremendamente sinceras
son tan ciertas como danzas
bailadas por las heteras
tan erguidas como lanzas.

Yo lo he de manifestar,
pues su nombre no me callo,
me complazco en lo alabar,
es mi amigo Antonio Gayo,
a quien siempre he de apreciar.

FIDELIDAD

Yo me acerqué a un limonero
por sus flores atraído
y lo que hallé yo primero
fue el flechazo de Cupido.

Allí me estaba esperando
a que a su lado llegara
y al punto de ir yo arribando
dos besos me dio en la cara.

A gloria a mí me supieron
esos dos besos fugaces,
mis ojos se iluminaron
como la nieve en los sauces.

Hoy llegué a la senectud
y a mi lado permanece,
nuestro amor es la quietud
que la suave brisa mece.

FRIALDAD

Si tuvieras el ardor
que tiene el fuego en la hoguera,
vislumbrarías el amor
de aquel que a ti bien te quiera.

Hay el fuego que no quema,
el que habita en las entrañas,
el que reluce cual gema,
el que vive en las montañas.

Pero como eres tan fría,
tanto como el blanco hielo,
tu desdén mi amor enfría
como agua de arroyuelo.

Yo no me puedo callar,
mi corazón se rebela,
se hace cansino mi andar
y hace que todo me duela.

MENDICANTE

No tenía más fortuna
que la luz de su candil,
más los rayos de la luna
y el florido mes de abril.

Con poco se conformaba,
no era un hombre de ambición,
una pizca le bastaba
y para lecho un jergón.

Por la mañana temprano
con el sol se levantaba
y era con su tibia mano
con la que el mundo abarcaba.

Su condición mendicante
le daba un sitio en la vida,
vivía solo el instante,
pero con su frente erguida.

ÓSCULOS

Mil y un besos yo te di
cuando tu madre no estaba,
haciéndolo tal que así,
pues si no se me enfada.

Tu piel morena de soles,
de estrellas y de luceros,
y de nocturnos faroles
al son de campanilleros.

Cuando a los ojos te miro,
en ellos veo mi fortuna
y suspiro tras suspiro
vuelo raudo hasta la luna.

Será porque yo te quiero
más que al aire que respiro.
Será porque yo prefiero
que sepas cuánto te admiro.

Permanencia

De ser cierto lo que dicen,
el mundo pronto se acaba
y según lo que predicen
esto va a ser la caraba.

Al referirse a este mundo,
no tienen razón bastante;
lo que viene es tremebundo,
lo asegura un nigromante.

Viene en los libros sagrados
que vamos a perecer,
lo que nos tiene enojados
es nuestra vida perder.

Viniendo de donde viene
el hombre aquí no se queda,
el mundo no se detiene
ni por mor de la arboleda.

Vivamos con alegría
igual que las mariposas,
libando de noche y día
el néctar de bellas rosas.

Plasmador

Escribir es un oficio
o una mera distracción,
nunca obtendrá beneficio
el escritor segundón.

Sólo triunfan los mejores,
los que con el alma escriben;
son del papel labradores
que historias bellas conciben.

Saben que de otros dependen,
quienes tienen que leerlos,
y en sus afanes suspenden
si no pueden comprenderlos.

Nunca se debe olvidar
lo que ensalza al escritor,
tiene siempre que aceptar
que es un simple plasmador.

Debe llegar a saber
que escribir es un oficio
y que querer no es poder
ni aun con mucho sacrificio.

QUERENCIAS

Sin querer la estoy queriendo
y no sé qué voy a hacer,
loco me estoy yo volviendo
por causa de esa mujer.

No tiene fin mi locura,
aplacarla yo no puedo;
afronto yo mi bravura,
dándole vueltas al ruedo.

Feliz llegaría a ser
si fuese correspondido,
permitiéndome volver
a la paz que yo he perdido.

Mas tal vez sea mejor
el que yo intente olvidarla,
librándome de este horror
que me mata al recordarla.

Sangre azul

Nacida de noble cuna,
de sangre noble y azul,
egregia cual blanca luna,
vestida de blanco tul
y hermosa como ninguna.

No conoció la carencia,
siempre nadó en la abundancia;
su nobleza era la esencia
del reino del rey de Francia,
y su estandarte, la clemencia.

Desde joven pretendida
por príncipes de occidente,
mas devino prometida
de un rico terrateniente
que les ganó la partida.

Matrimonio concertado
por mor de la economía,
el amor fue cercenado,
sólo en su mundo valía
el dinero atesorado.

Lo que nos viene a decir
que la vida es conveniencia,
la que al amor suele herir
sin pudor y sin clemencia
con espada de faquir.

II. PENSAMIENTOS

CORCELES

Tropel de briosos corceles
cortando raudos el viento,
esplendorosos caireles
que adornan el firmamento.

Cascabeles de colores
que suenan en armonía,
ramitos de bellas flores
que huelen a malvasía.

Dulces pasteles de miel
de la que dan las abejas,
endulzan hasta la hiel
de tristes penas añejas.

El canto de las canoras
que vuelan hasta el cañizo,
con trinos que a todas horas
pintan un cuadro castizo.

El tránsito

No tener nada que hacer
debe ser algo tan duro
como vivir sin querer
y esperar fumando un puro
al incierto amanecer.

Poner fecha a la existencia
al hombre no corresponde.
Aquí nuestra permanencia
no tiene datos ni nombre,
ni es causa de la clemencia.

El que vive por vivir
mientras vive permanece
y es dueño de su existir,
y todo lo que acontece
lo puede, cuerdo, asumir.

Y si más quieren saber,
que pregunten a un anciano
qué es lo que se debe hacer
para ayudar al hermano
a esquivar el displacer.

Cuando de allá nos requieren,
vayamos sin dramatismos,
seamos de los que prefieren
no caer en los abismos
haciendo lo que otros quieren.

In memoriam (A. R.)

Se nos ha ido un gran amigo,
ya nada se puede hacer,
mucho lo hemos sentido,
más no lo vamos a ver.

Hombre cabal y sincero,
muy querido y admirado,
ilustre y buen moronero,
siempre serás recordado.

No te olvidamos, amigo,
los que aquí aún nos quedamos
y aquí esperando al abrigo
cualquier día te visitamos.

Si tienes algo de tiempo,
escucha nuestros lamentos,
los que viajando en el viento
amargan estos momentos.

INFLEXIBLE

Lo que piensa el inflexible
es que la razón posee:
dice que él es invencible
y a pies juntillas lo cree.

Cree sólo en su palabra
y que es suya la verdad,
y así los surcos se labra
de su oscura realidad.

Errado está el inflexible
en su incierto caminar,
creyendo que lo imposible
él lo puede dominar.

Piensa que todo es posible
desde su gran cerrazón,
que aquí todo es predecible,
mas le falla la razón.

La inspiración

Hoy yo te pido perdón
por estos tan simples versos;
me falta la inspiración,
por eso son tan dispersos.

Y aunque la rima mantengan,
pienso que no es suficiente
para que estos versos tengan
la belleza pertinente.

Briznas que se lleva el viento
para nunca regresar,
bardos que pierden su aliento
al adentrarse en la mar.

La censura que me empuja
para este trovo acabar
viene de perversa bruja
que hace a los justos temblar.

LA PULCRITUD

Son cochinos tus vecinos,
no los vayas a imitar;
si son de raza, porcinos,
los debes siempre esquivar.

La pulcritud es necesaria
si vives en sociedad,
la conducta sanitaria
evita la suciedad.

Vivirás en armonía
con el medio natural
si la limpieza es tu guía
en un mundo natural.

Sigue siempre mi consejo,
pues creo tener razón,
que sea en la vida tu espejo
el limpio de corazón.

LA VERGÜENZA

El color de la vergüenza
es como el de la sandía,
que tan pronto se comienza
dura lo que dura un día.

El que vergüenza no tiene
es reo de gran pecado
y en la vida se mantiene
crispado y desamparado.

A juzgar por su semblante
es feliz sin duda alguna,
mas su paz es muy distante,
tanto como está la luna.

Los hay que dicen que es bueno
para mitigar la pena
ponerle a la envidia freno
y así evitar la condena.

La visita

He visitado a mi tía,
la que vive en Algarrobo
y que antaño me servía
ricas viandas en adobo.

Hoy se dedica mi tía
a los mangos y aguacates
en la templada Axarquía
y también a los tomates.

El mango, fruta importada,
tiene un dulzor especial,
su textura es delicada,
como postre es sin igual.

Me confieso sorprendido
de los logros de mi tía,
del camino recorrido,
pues nada de esto sabía.

LAMENTOS

Cuando tus bonitos ojos
fijan en mí su mirada,
se despiertan los antojos
de mi vida atormentada
por traicioneros abrojos.

Se me antoja que sí tiene
la tu impactante mirada,
la parte de tu ADN
que en mi alma está grabada
y mis anhelos sostiene.

Hecho de duro guijarro,
tu corazón no es normal;
yo soy un hombre bizarro
que no teme al vendaval
ni a los caminos de barro.

Si te dignas escucharme,
sabrás por qué yo te quiero,
un gran gozo podrás darme
al ver que por ti yo muero
por no dignarte mirarme.

Ya mucha cuerda no tengo,
mi reloj lento galopa;
si me escuchas, te prevengo
que ya se enfría mi sopa
y se extingue mi abolengo.

Lo imposible

Nadie piensa en la venganza.
Hoy el hombre la rechaza
con infinita templanza,
con melífera cachaza
como hiciera Sancho Panza.

Como impera la bondad
y aquí todo el mundo es bueno,
ya no existe la maldad
ni el comportamiento obsceno,
pues todo es felicidad.

Cuando él amor necesita,
al prójimo siempre acude,
que es quien alivia su cuita,
pues su obligación no elude
y siempre acude a la cita.

Llegó este mundo ideal,
el de muchas religiones,
desde lejano ancestral
y desde ignotas regiones
portando el Santo Erial.

Qué bien suena este poema,
si posible y verdad fuera,
desterrador de la flema,
y el mundo en paz estuviera
sin la maldad ni el dilema.

Los agoreros

Predicen los agoreros
que la humanidad se acaba
y que somos prisioneros
del que en otro mundo andaba
entre verdes jinjoleros.

Les gusta preconizar
los más terribles castigos,
disfrutan con azuzar
al hombre sus enemigos
para su alma destronar.

Son cuerpos sin corazón,
sin alma ni entendimiento;
su ser es la sinrazón
y los mueve el negro viento
de la estulta maldición.

Se dicen conocedores
de los secretos divinos,
mas sólo siembran horrores
desastrosos y dañinos,
pues son simples destructores.

Son fáciles de encontrar
por su mirada perversa;
muy bien se pueden hallar
por su moral tan dispersa,
siempre pronta a avasallar.

MEDIAS TINTAS

Yo no sé si tú llegaste
el negro tintero a usar,
tampoco si te manchaste
de tinta negra el morral.

Tintero de tinta negra
en mi pupitre lo había,
esto encantaba a la suegra,
aunque escribir no sabía.

Era muy listo el rapaz
que a mi lado se sentaba,
era pequeño y tenaz,
nunca en sus cosas fallaba.

De él yo solía aprender,
él siempre todo sabía,
fue muy precoz en leer
cuando nadie aún lo hacía.

Lo que del niño recuerdo
es que hacía cosas distintas,
era tan listo y tan cuerdo
que obviaba las medias tintas.

MI BARCA

Es mi barca mi refugio,
la que aumenta mis consuelos
y sin ningún subterfugio
es el lar de mis anhelos.

Por los cielos navegamos,
surcando las blancas nubes,
canciones de amor cantamos
con celestiales querubes.

Cuánto amor hay en mi barca,
cuánto candor y dulzura,
en ella eludo a la parca
en muy larga singladura.

A mi barca la encontré
en mi eterno deambular
y al mundo le demostré
qué tan hermoso es el mar.

Mi mente

Mi mente navega sola
por los confines divinos
a los lomos de una ola
que va abriendo mis caminos.

Esto es lo que me permite
situarme donde quiera
y al instante me remite
a alcanzar cualquier rivera.

Sin que mi cuerpo se mueva,
yo viajo hasta el infinito
y aquí, instalado en mi cueva,
me convierto en ancianito.

El día que el hombre pueda
de aqueste modo emigrar
ese día quizá suceda
que pueda al tiempo burlar.

Mi nombre

A mi nombre te refieres
una vez investigado,
como resultado infieres
que el origen tú has hallado.

Lo que te puedo decir
es sólo lo que acontece,
pues yo siempre oí decir
que a la Ascensión pertenece.

Antes de que el cumpleaños
la costumbre desterrara,
el santo todos los años
en mi lar se celebrara.

Y te puedo asegurar
que aquella celebración
mi vida solía alumbrar,
el día de la Ascensión.

Pero en los libros legales
desde siempre Asensio soy,
son siete letras cabales
por donde quiera que voy.

Así que, querido amigo,
con la duda me mantengo,
sin saber si Asensio soy
o si Ascensio es mi abolengo.

MORENA

Vengo de comprar pescao
del puerto de Cabo Palos,
no tenían bacalao,
pero sí mújoles malos.

He comprado una morena,
pues de precio, muy barata;
su carne es delicia plena
sólo frita o con patata.

Mi abuelo Pepe pescaba
unas enormes morenas,
mi madre las cocinaba
y estaban la mar de buenas.

Recuerdos son de mi infancia
del que fue mi padre-abuelo,
quien con enorme constancia
las pescaba con su anzuelo.

Y esto sólo es un recuerdo
de lo mucho que he vivido,
y de mi abuelo me acuerdo,
a quien tanto yo he querido.

PETICIÓN

Por favor, pide a los dioses,
los del griego Panteón,
que impidan las rudas coces
del político faltón.

Que los hados lo maldigan
al político gruñón,
y a quienes matan e intrigan
que los manden al Japón.

Japón, o tal vez más lejos,
donde nadie los escuche,
esos taimados pendejos
de gran e insaciable buche.

Viven de grandes salarios,
algunos sin formación,
son como antiguos corsarios
anclados al malecón.

PINTOR

Un pintor es un poeta
que con su pincel escribe
la gracia de una peineta
y con su pensar describe
lo que oculta en su maleta.

El pintor versos no escribe,
pero es tan grande su arte
que todo lo que percibe
lo lleva como estandarte
hasta el lugar donde vive.

Ay, si yo pudiera hacer
lo que el pintor ejecuta
y lo bello transponer
con la mágica batuta
que hace al mundo enaltecer.

Y es que el pintor cuando pinta
da vida a lo inanimado,
de una manera sucinta
expresa el verso que ha dado
forma y vida a lo que pinta.

No puedo más que admirar
a ese pintor que en su mano
lleva el arte de pintar
y, a pesar de ser humano,
puede lo bello expresar.

PREGUNTAS

Me pregunta un gran amigo
cómo piensan los poetas
e, igual que a todos, le digo
que del rimar son atletas.

Que no escriben para sí
es algo tan evidente
que en el cielo carmesí
dejan su verso patente.

«El poeta no se hace»,
a un vate le oí decir;
para poeta se nace,
es algo que hay que asumir.

Yo también quiero saber,
del poeta sus pensares
y ese velo descorrer
para entender sus cantares.

PROBABLE

Es probable que algún día
el hombre pueda volar
y mucho me agradaría
el poderlo acompañar.

Con permiso de la ciencia
y el desarrollo científico
y una dosis de paciencia
devendrá el sabio prolífico.

Tal vez tú a mí no me creas,
discrepando grandemente,
y quizá tú sólo veas
como vuela en parapente.

El hombre podría volar
si no surge una hecatombe,
pues sólo habría que mezclar
genes de paloma y hombre.

PROMESA

Quiero que sepas, mi amor,
que yo te sigo queriendo;
te lo juro por mi honor
muy cierto es lo que estoy diciendo.

Como las flores del campo,
como el trigo allá en la era,
el pan del amor me zampo
sin pretenderlo siquiera.

Me alegra que me comprendas
y que también me correspondas,
a mí no me duelen prendas
de que tu amor tú no escondas.

Lo digo a los cuatro vientos,
mi devoción por ti es
como los grandes portentos,
que nunca tienen revés.

PUDIENTE

El que seas rico de cuna
te da ciertas libertades,
mas no te da la fortuna
de sinceras amistades.

Los amigos no se obtienen
usando inmensa fortuna,
pues los amigos provienen
de los rayos de la luna.

Un rico se preguntaba
si podía ser inmortal
y un pobre le contestaba
con un tono angelical:

«No vas a perpetuarte,
porque tu suerte está echada.
Aquí no vas a quedarte
como ventana en fachada».

RAUDALES

Tenía la bolsa repleta
de muy cuantiosos caudales,
también plena la maleta
de poderes a raudales.

Por más que mucho gastaba
más le manaba su fuente,
y si alguien se le acercaba,
lo lanzaba por el puente.

Nunca tenía suficiente
acumulando caudales,
negándole al penitente
las flores de los jarales.

Su fortuna era abundante,
ambiciosos sus blasones,
era un perfecto mangante
y amigo de los hampones.

Reconocimientos

Me place que así me veas,
como fuente de agua pura,
tierno como las obleas
y rebosando galanura.

Veremos lo que sucede
cuando mi fuente se agote,
será el tiempo que precede
al de un triste monigote.

Yo no sé qué pasará,
qué me reserva el destino,
ni lo que sucederá
si se tuerce mi camino.

Agradezco tu franqueza
cuando así me calificas,
apagando mi tristeza
cuando tú me magnificas.

RECUERDOS

Mis recuerdos no se borran,
en mi mente permanecen,
y como ríos se desbordan
y como rosas florecen.

Yo hasta mi vida daría
por poderte conservar
y así feliz yo podría
a tu lado caminar.

Recuerdos que me emocionan
al pensar que te estoy viendo
y placer me proporcionan,
mas el porqué yo no entiendo.

Pero al despertar percibo
la muy cruda realidad,
y ese shock que yo recibo
hace grande mi ansiedad.

Renuencia

No me suelo doblegar
aceptando con paciencia
el sesgo dictatorial
que implica la nueva ciencia.

Tampoco gusto decir
que prefiero lo pasado,
ni que me quiero morir
como un necio, acogotado.

Me enfrento a lo circunstante,
sin por ello pretender
siquiera por un instante
a la ciencia ennoblecer.

Todo tiene su importancia
y hasta un melón es preciso,
pues desde su tierna infancia
nunca triunfa el indeciso.

San Antolín

Antolín devino santo
en época visigoda,
su martirio fue un espanto
según la imperante moda.

San Antolín de Pamiers,
venerado allá en la Francia,
desnudos están sus pies,
fruto de la intemperancia.

En tiempos no tan lejanos
floreció la intolerancia
y en escenarios cercanos
dominó la nigromancia.

Dogmatismo a pie juntillas,
pensamiento encarcelado,
castigado y de rodillas,
así sufría el condenado.

Sapiencia

Hay algo que yo no sé
y que tú tampoco sabes
y es adónde están las llaves
del punto de mi corsé
que propende a mis achares.

Cuando de saber se trata,
hasta el sabio tiene duda
y su ciencia desbarata,
siendo la más peliaguda
la que a su mente maltrata.

Venimos de no se sabe,
ni tampoco adónde vamos
y ni adónde está la clave
que hace que nos sintamos
como marino sin nave.

Por mucho que lo intentemos,
ahí seguirá el arcano;
como mucho, lograremos
conseguir que en el verano
nuestros destinos juntemos.

Yo estoy segura que quieres
ver cómo el tiempo me trata,
mas no sé lo que prefieres,
cuando la edad me maltrata
como a todas las mujeres.

TIENTOS

Los tientos de hielo y fuego
que alimentan los quereres
son los que canta el labriego
en dulces atardeceres.

A su amada festejaba
siempre a la luz de la luna;
ella a su tesoro amaba,
pues era su gran fortuna.

Grandes dones no tenía,
aparte de su belleza,
mas la moza lo quería
hasta perder la cabeza.

Andando el tiempo, al labriego
la suerte le sonrió
y así fue que aquel pasiego
al altar, pues, la llevó.

TROPEL

Oigo un tropel que se acerca,
resuena como un chasquido,
es tan fuerte que en la alberca
me sumerjo compungido,
pues siento la parca cerca.

Es tremenda mi zozobra,
que a los mis centros disloca
y su tributo se cobra
el hada perversa y loca,
venenosa cual la cobra.

Volver a la vida calma
es la meta que persigo,
pero dentro de mi alma
la zozobra está conmigo,
ajando la verde palma.

No sé si lo lograré,
usando mi gran paciencia,
a fe que lo intentaré.
Aunque caiga en la demencia,
la excelencia alcanzaré.

Quien la lea pensará
que esta breve poesía
la gloria no alcanzará
y, al carecer de valía,
en el limbo quedará.

UN NIÑO

Llorando estaba aquel niño
en una choza sombría.
Su padre, barbilampiño,
vio que el niño moriría
con sólo darle cariño.

El joven, desesperado,
salió a buscar alimento.
Después de no haberlo hallado,
sólo encontró el sufrimiento
de un destino maladado.

La madre, una chiquilla
de no más de doce años,
vivía la pesadilla
bajo los secos castaños
y los mijos sin semilla.

Por fortuna apareció
un miembro de las misiones
que a los padres socorrió
y con sus buenas acciones
aquella vida salvó.

Tanta miseria… ¿Es posible
que donde hay abundancia
resulta nada entendible
el que perezca la infancia
de una forma tan terrible?

¿Por qué este horror se permite?
¿Por qué es tan funesto el mundo?
¿Por qué existe quien admite
que dolor tan tremebundo
en los humanos habite?

Volvieron

Allí donde el sol habita,
donde nadie desentona,
donde no existe la cuita,
esa es la bella Estepona.

Más no se puede pedir
si descansar se pretende,
a Estepona hemos de ir,
donde su paz nos sorprende.

La luz del sol radiante
que acaricia tus cabellos,
ese sol que Dios mediante
hará los cuerpos más bellos.

Y es por eso que volvieron
quienes probaron sus mieles,
los que aquí una vez vinieron
año tras año son fieles.

ZOZOBRA

Si quieres verme sufrir,
cuéntame tu vieja historia,
mas yo prefiero reír,
dando vueltas en la noria
del eterno devenir.

No quiero el triste existir
que arrostra el perro sin amo.
Lo que suelo preferir
es todo lo que yo amo
y un brillante porvenir.

Cuando en sueños me dirijo
al mundo de las estrellas,
mi rumbo siempre yo fijo
para estar con todas ellas
en su mundo tan prolijo.

En el cóndor voy pensando
que vuela con majestad,
cuando los Andes cruzando
persigue a la libertad
y a la hembra que está amando.

Que nadie intente enturbiar
la paz que mi alma añora.
Lo que yo quiero es volar
como voló la Señora
que hoy descansa en el altar.

III. MIXTURAS

ALBRICIAS

Voy a decirte una cosa
que seguro que no sabes,
que el perfume de la rosa
mitiga los mis pesares.

En mis entrañas yo guardo
el amor a los claveles,
que lo mismito que el nardo
forman floridos vergeles.

Ya llego, por mí no sufras.
Te traigo en mi corazón
una bolsa de cotufas
y la flor de la pasión.

Ya no me voy a marchar,
en tu sombra me cobijo;
no te volveré a dejar
sola y triste en el cortijo.

Camina, ven a mis brazos
para mi amor conservar,
pues te daré los abrazos
que nunca te debí hurtar.

Alegría

Por fin doblan las campanas
de la iglesia del lugar,
se unen dos personas llanas
para así poderse amar.

Mi niña de blanco viene.
Para mí, ella es la más bella,
la que mi ilusión mantiene,
pues brilla como una estrella.

No me canso de mirarla,
esa cara de ángel bueno;
imposible es no adorarla
como al buen pan de centeno.

Solo le pido al Señor
que la suerte la acompañe
y que encuentre lo mejor
en lo que a su vida atañe.

AMIGO LIBRO

Libros para regalar
y algunos para leer,
son libros que has de comprar
cuando fuere menester.

El libro es una ventana
que siempre debes tener,
pues desde edad muy temprana
te da sapiencia y placer.

A un libro no se abandona
como si una cosa fuera,
el libro siempre perdona,
aunque lo queme la hoguera.

Leed, leer es gozar
en mundos de gran mesura,
de lo blanco del glacial
y de la fruta madura.

Arte flamenco

Cuando quieras disfrutar
de un concierto en si bemol,
no dudes nunca en viajar
hasta la Costa del Sol.

Allí siempre tú hallarás
el duende del buen flamenco
y en su cielo encontrarás
las notas y un gran elenco.

El flamenco del que hablo
tiene su sitio especial
y está puesto en un retablo,
el del arte inmaterial.

La Unesco ha reconocido
lo relativo a este arte,
pues es por todos sabido
que se admira en cualquier parte.

Austeros

A la sombra de una parra
de la que las uvas penden
aguzan su cimitarra
los que la gloria pretenden.

Sueñan con mares lejanos,
con praderas y montañas,
y en despertares tempranos
sin presencia de alimañas.

Sus mentes nunca descansan
y nunca nada desdeñan,
y hasta a las fieras amansan
y los placeres pergeñan.

No tienen grandes anhelos,
son felices con bien poco,
ya que eluden los desvelos
en este mundo tan loco.

AZARES

Entre el buen verso y la prosa
tengo presa mi razón,
pues no hay cosa más hermosa
que del hombre el corazón.

Al escribir unos versos,
parte del alma se entrega,
con sentimientos diversos
el que es poeta navega.

En la prosa se derrama
la sangre y todas las penas,
pues no toda la vida es drama
ni pesarosas condenas.

Con poco que poseamos
y teniendo quien nos quiera,
nada más necesitamos,
ni la riqueza siquiera.

Belleza

Me pregunto, sin respuesta,
por qué son bellas las flores
y cuando salgo a mi puerta
me obsequian con sus olores.

Los olores de las rosas,
de claveles y jazmines,
de hortensias esplendorosas,
gloria de excelsos jardines.

Los querubines las llevan
para obsequiar al Señor
y cuando a su lado llegan,
se las sirven con fervor.

Ese fervor tan divino
dirigido al Creador
es el que marca el camino
de la vida y del amor.

Canales

No sé si llorar canales
o predicar la tristeza,
tal vez riendo a raudales
arrincone a la pobreza.

Pobreza de libertad
y de cosas materiales,
con ausencia de maldad,
mas abrazos a raudales.

Añoro los viejos tiempos
en los que sola no estaba,
cuando cantando por tientos
al alba yo te aguardaba.

Cuando tú por fin viniste,
cansada yo me encontraba,
acongojada y muy triste,
porque tu amor me faltaba.

Confluencia

El lugar donde dos ríos
unen sus bravos caudales
juntan los amores míos
sus límpidos manantiales.

Los amores son esquivos,
viene un aire y los destruye,
y aunque se encuentren cautivos,
por odios los sustituye.

Es difícil conjugar
los verbos del corazón
y más si es el verbo amar
el que turba la razón.

Y la calma nunca llega
a las paredes del alma,
pues no existe quien se atreva
a portar la blanca palma.

DECIRES

Hoy también quisiera hablar
de la tierra seca y yerma,
me deberás perdonar,
porque el sol mi pensar merma.

Observa cómo los prados
dan su yerba fresca y tierna,
y es allí donde los hados
soportan la vida eterna.

Las corrientes de agua pura
son las que dan a la vida
su cristalina ternura
y su magia enaltecida.

Y lo que estos cortos versos
pretenden significar
son los modos tan diversos
que hay de pontificar.

Drones

No te puedo contestar
a las dudas que me expones,
pero sí te quiero hablar
de los asnos y los drones
que comienzan a volar.

El burro pasó de moda,
camina hacia la extinción,
y ahora lo que acomoda
es el modernista dron:
el rucio acabó su boda.

Recuerdo cuando decían
«he visto un burro volando»,
mas todos se referían
a un borrico que iba andando,
pero al que todos querían.

Hoy los drones nos dominan
y sirven para volar,
con su vuelo determinan
a quien tienen que matar,
porque sus vidas terminan.

Perdona que los compare
al dron y al asno ancestral.
Al dron ya no hay quien lo pare
y el rucio se va a acabar
¡por la gloria de mi mare!

El compromiso

Mejor será un buen melón
o cocinar un buen guiso.
Todo es cuestión de ocasión
y adquirir un compromiso
para que triunfe el perdón.

Todo es cosa de matices
y de grandes voluntades;
con unas buenas narices
se afirman plenas verdades,
plenas de enormes matices.

Quien quiere que se lo digan
del porqué existe la noche
que los dioses le bendigan
sin mesura y con derroche,
y que d'él maldad no digan.

Aseado es el buen hombre,
el que a la verdad se arrima
para que nadie se asombre;
su proceder siempre anima
a destronar la hecatombe.

Lo más bueno y conveniente
es saber por qué lo quiso,
por qué un hombre tan valiente
olvidó su compromiso
y se fue con la corriente.

El tesón y no la suerte

Con gran tesón se conduce
quien tiene en mente triunfar,
pues de aquesto se deduce,
nada se debe al azar,
y la suerte nada produce.

A quien piensa que es la suerte
la que marca su camino,
está esperando a la muerte
como incapaz peregrino
que en su ruina revierte.

Esperar que la fortuna
nos venga aquí a visitar
y nos salve de la hambruna
es nuestra vida gastar
sin esperanza ninguna.

Aplícate y no lo esperes,
que alguien te va a resolver,
pues aquello que tú quieres
sólo podrás obtener
de los esfuerzos que hicieres.

Y si los tienes en cuenta
estos consejos de amigo,
verás que nada se inventa.
El triunfo vendrá contigo
cual cuento de Cenicienta.

EL TRABAJO

Sentado en un prado verde
esperando a la fortuna,
yo vi que el tiempo se pierde
sin esperanza ninguna
y a la conciencia remuerde.

Mejor será laborar
en lo que renta produce,
y no a la suerte esperar
lo que a la molicie induce
y a la pobreza llegar.

Hay que ser como la hormiga,
que se esfuerza en el verano
y a costa de gran fatiga
recolecta yerba y grano
para llenar la barriga.

Sin esfuerzo no hay futuro,
pregúntale a quien tú quieras,
pues sólo el fruto maduro
llenará tus faltriqueras,
sacándote del apuro.

Te ofrezco yo mi consejo
que lo puedes adoptar,
si en este mundo complejo
tú quisieras prosperar
antes de llegar a viejo.

FUEGO AMIGO

Tener el fuego encendido
es señal de humanidad,
y es con el fuego prendido
que se brinda la amistad.

El fuego le da calor
al prójimo desvalido
y acaricia con amor
su frágil cuerpo aterido.

Nunca se debe negar
el calor de una fogata,
ni tampoco hay que olvidar
que el intenso frío mata.

Recuerda, querido amigo,
que tú puedes ser mañana
quien precise del abrigo
de una manta toledana.

INCONGRUENCIA

¿Es necesario el castigo?
¿Es posible la paciencia?
Preguntar esto al mendigo
es tremenda incongruencia.

Quizá sí exista respuesta,
la que aún no es conocida
por ocultarla la puerta
de la piedad incomprendida.

Cuántas preguntas, Dios mío,
cuánto enigma irresoluto,
cuánto camino baldío…
Di por qué triunfa el más bruto.

Es posible que haya otro,
otro mundo diferente
donde un veloz negro potro
trote raudo entre la gente.

INCULTURA

Puñales de la ignorancia
que hieren más que la espada,
hijos de la intemperancia,
súbditos de la mesnada.

Todo ignorante es perfecto
para ser manipulado
por el más burdo y funesto
que lo quiere dominado.

La incultura siempre fue
usada por los mandantes,
siendo del pobre el corsé
y abismo de navegantes.

Erradicad la incultura
para hacer libre al humano,
hacedlo con gran premura,
nunca tarde, sí temprano.

Los versos que de mí surgen
van en pos de la utopía
y a los iletrados urgen
a alanzar la recta vía.

INDIGENCIA

Yo quisiera comprender
por qué existe la pobreza
y nadie quiere saber
cómo anular la tristeza.

También quisiera saber
del odio entre los humanos
y por qué tiene que haber
inquina entre los hermanos.

Por favor, que alguien me explique
la causa de la indigencia,
pero que no justifique
el cáncer de la violencia.

Y también quiero saber
cuándo llegará el momento
que por fin podamos ver
que alguien borró este tormento.

LA ESPERA

Siempre esperando que arribe,
pero se tarda en venir,
con penas y amor se escribe
el ansiado porvenir.

El porvenir, cosa incierta,
si existe, nadie lo ve;
su incerteza es manifiesta
y es producto de la fe.

La fe lleva a los humanos
a esquivar la adversidad
y a creer que con las manos
pueden tocar la amistad.

Que la amistad es intangible
no ofrece duda ninguna,
pero sí que es muy posible
que nos done la fortuna.

La poesía y el trovo

El tañer de una campana
resuena en los verdes prados
y despierta en la mañana
a los dos enamorados.

Su amor tierno cual la yerba
que al caminante se ofrece
y que su verdor conserva
cuando la brisa la mece.

Y qué cosa tan hermosa
cuando entre la yerba sale
la amapola esplendorosa
para que el sol se acicale.

Son el trigo y la amapola
dos puros enamorados;
la amapola no está sola,
pues trigo tiene a ambos lados.

La sociedad

La sociedad que mantiene
gente viviendo en la calle
a la miseria sostiene
bien sujeta por el talle
por aquel que mucho tiene.

No es cristiano tolerar
lo que abarca todo esto,
tenemos que recordar
lo que predicó el Maestro
mucho antes de expirar.

Nadie debe ser privado
de lo más elemental,
ni ser él desheredado
por causa del vil metal,
dejándole desahuciado.

Larga vida o vida corta
a mí me es desconocido,
cosa que mucho me importa
y algo que nunca he sabido:
¿por qué la vida es tan corta?

Hay que ayudarle a salir
del pozo de la miseria
y que así pueda elegir
entre la huerta o la feria
para no hacerle sufrir.

La solución

Si tú tuvieras, amigo,
solución para esta lacra,
yo celebraría contigo
esto con gran alharaca,
oye bien lo que te digo.

Endémica es la figura
del desempleo en España,
yo siento gran amargura
del horror de esta migraña
que nos lleva a la locura.

Conocerla es una cosa,
pero nadie la resuelve
y por eso se anquilosa
y a los parados envuelve
aplastándolos cual losa.

¿Por qué somos diferentes
de Alemania, por ejemplo?
¿Por qué gentes tan valientes
tienen que dejar el templo
y externalizar sus mentes?

Alguien habrá que la tenga
la solución de este entuerto,
que ya en nuestro auxilio venga
a resucitar el muerto
y esta sangría detenga.

Libros malos

Hay libros que contaminan
la mente de quien los lee,
te dirán quienes te estiman
que el maligno los posee.

Son escritos por personas
de inconfesable ralea,
que ocultan sus cromosomas
para que nadie los vea.

Que leer no siempre es bueno
lo sabemos con certeza,
pues ni el mismo ibuprofeno
frena el dolor de cabeza.

Lee libros que provengan
de autores de confianza,
procurando que contengan
el amor y la esperanza.

Y si no los encontraras,
sigue buscando, criatura;
el tiempo que dedicaras
borrará tu desventura.

Serás feliz cuando halles
una impoluta lectura
y, por favor, no me falles,
porque leer es cultura.

Lo bueno

No todo van a ser penas,
la felicidad sí existe;
preferir las cosas buenas
es más bello que estar triste.

Pensar que la vida es bella
es abrazar la hermosura,
pues en las mentes destella
la más radiante blancura.

Pensar que todo es posible
es vivir en la esperanza,
creer que todo es factible
es ser feliz sin tardanza.

Es asirse a lo perfecto
lo que a la vida ennoblece,
pues produce el mismo efecto
que la bondad cuando crece.

LUCERO O ESTRELLA

Anoche cayó una estrella
mientras yo al cielo miraba.
Dicen que fue una centella
la que a besarte bajaba
tu cara de fiel doncella.

Se deslizó silenciosa
por los caminos del cielo.
Me pareció tan hermosa
como un dulce caramelo
o como una rosa roja.

En tu frente se posó
cual si de ave se tratara
y a mí me lo pareció,
que quería besar tu cara,
mas su brillo se apagó.

En mi alma recibí
signo de desesperanza
cuando a la estrella yo vi,
perdiéndose en lontananza
en un cielo carmesí.

Pero cuando desperté
de aquel amoroso sueño,
fue que yo me percaté
que la estrella tenía dueño
y amargamente lloré.

Pensares

Soy montaña en la distancia,
en el cielo azul soy nube,
soy severo en la constancia
y al agua que al cielo sube.

Soy el ave que alza el vuelo
camino del infinito,
soy tan duro como el hielo,
moviéndome de hito en hito.

Soy manantial cristalino
del que el agua fresca mana,
soy también como el buen vino
que nos da la vid temprana.

Soy el lirio del jardín
que con su color te envuelve,
soy el final del confín
que bien por mal te devuelve.

Quiero ser el vendaval
que tus cabellos revuelve,
quiero ser aquel zagal
que tus pesares resuelve.

Retruécano

Hoy preparé este caldero
como el de mi hermano Pepe;
si no lo comes ligero,
yo te via'dar un sarmeque.

El sarmeque es un vocablo
propio de mi tío José;
yo sí sé de lo que hablo,
pues a mi tío se lo escuché.

Cuando digo lo que siento,
siento bien lo que yo digo,
ya que soy como el sarmiento,
que calienta al buen mendigo.

Saltarines gorriones
que en el arroyo retozan,
son pequeños aviones
que por su suerte sollozan.

El río que va a la mar
se alimenta del arroyo
que mantiene su caudal
librando cualquier escollo.

Santidades

Hoy de santos va el versar,
pues muy amplia es la cosecha,
pero no es justo pensar
que esto va de cosa hecha.

La santidad se consigue
trabajando a pico y pala,
pues lo que el santo persigue
no es ninguna cosa mala.

Para ser santo hace falta
en la bondad destacar,
lo que en el santo resalta
es su forma de actuar.

Hoy ser santo es cosa seria,
por no decir imposible,
pues en tiempos de miseria
el santo es imperceptible.

Secreto

Tengo más en mi cabeza,
pero me he de moderar,
pues no sea que la tristeza
me venga a mí a visitar.

¿Y qué haré si me visita?
La eludiré con presteza
y nadie sabrá esta cuita
que alimente mi tristeza.

Ahí radica el gran secreto
que ni yo mismo conozco,
pues con un cuadro concreto
tal vez me lo diga el Bosco.

Así que yo ya termino,
pues no quiero enrevesar,
porque me importa un comino
seguir versando o callar.

SOLEARES

Mira como el sol se oculta
detrás de aquella colina
y allí sus rayos sepulta
al amor de una sabina.

Su luz que todo lo inunda,
nos regala su calor
y a los vivientes fecunda
cubriéndolos con su amor.

El sol, que en los cielos vive,
nada pide por amarnos,
por nosotros se desvive
sin la esperanza quitarnos.

El sol que nunca descansa
me da su candor a mares,
con su luz mi ardor se amansa
bebiendo sus soleares.

SOLEDADES

Soledad, triste palabra
la que a las almas encoge
y un profundo surco labra
que las mis penas recoge.

Procuremos rodearnos
de quienes mucho nos aman
y solos nunca quedarnos,
los buenos siempre nos llaman.

Permanece junto al río
que lleva entre su corriente
el agua del hielo frío
y el cariño de la gente.

Cuenta conmigo, valiente,
no te pese el acercarte,
que como buen penitente
todo mi amor voy a darte.

UN LIBRO

El libro que no es leído
él se siente abandonado,
sufre triste y compungido
por ser así despreciado.

Todo libro tiene un alma,
la propia de quien lo ha escrito,
hay que leerlo con calma
por ser él un don bendito.

A veces te hace pensar,
te divierte y te entretiene,
también feliz te hace estar,
porque la ilusión contiene.

La lectura reconforta
y a quien lee culturiza,
pues es lo que más importa,
libro que al lector hechiza.

VACUDEMIA

La vacuna sólo es una,
a veces son dos pinchadas,
duelen todas o ninguna,
cual las cosas inyectadas.

Pero no hay que preocuparse
por una simple molestia,
pues peor es infectarse
de pandemias como esta.

Mi consejo es que te aguantes
de dolor tan pasajero;
volverá a ser como antes,
previo a la inyección del suero.

El vacunado, ya inmune,
y el prójimo va detrás,
quien de vacuna presume
será inmune.

VERDADES

Sin el aire que respiras,
tú vivir ya no podrías
y sin piadosas mentiras
tal vez aquí no estarías.

Enseñan las Escrituras
que es divina la verdad
y las humanas criaturas
le deben fiel lealtad.

A veces no es conveniente
el usarla sin mesura,
ya que el común de la gente
cavaría tu sepultura.

Todo aquello que ya existe
se puede y se debe usar,
y si a ti un toro te embiste,
lo deberás esquivar.

IV. NATURALEZA

CANARIO CANTOR

Tengo un canario cantor,
blanco, blanco y amarillo;
no sé si es un cantautor
por su trinar tan sencillo.

Él canta cuando te ve,
mirándote cuando pasas;
la razón yo no la sé,
triste está cuando te atrasas.

Te espera cada mañana
cuando vas a no sé dónde;
él te ve por la ventana
y el bulto nunca él esconde.

Mi canario cantarín
es él quien mi vida alegra;
su cantar no tiene fin,
pues su voz nunca se quiebra.

Chumbos

Es dulce el higo de pala
con piñones muy muy duros;
le complace a la zagala
cuando los coge maduros.
¡Vivan los higos de pala!

Si en exceso los consumes,
problemas tal vez tendrías.
Con ello, sin duda, asumes
que obstruyen tus «tuberías»
si tú su ingesta la asumes.

Son muy ricos en azúcar,
buenos para hacer arrope,
y en la ciudad de Sanlúcar
lo toma la gente a tope,
pero lo desprecia el Fúcar.

Lo sea de pala, o bien sea chumbo,
esto a mí poco me importa
y no cambiaré yo el rumbo
de mi barco hacia la costa
por causa del higo chumbo.

En la posguerra española
muchas penurias quitó;
con una chumbera sola
a muchos alimentó
en la miseria española.

De vuelta

Vuelve el labriego al bancal
y el topo a la madriguera,
el segador al trigal,
donde rubia mies lo espera.

El enfermo al hospital,
el minero a la tronera,
el gorrino al lodazal
y el euro a la faltriquera.

Y vuele la golondrina
al lugar donde nació;
no comerá de la endrina,
pues su fruto despreció.

Vuelve el mundo cada año
a su punto de partida;
también vuelve el desengaño,
causante de aquesta herida.

Deseos imposibles

Hoy llueve a gusto de todos,
de aquellos que lluvia quieren,
mas las aguas se hacen lodos
para los que el sol prefieren.

Nunca el cielo consiguió
que sus hijos justos fueran,
ni quien siempre demandó
que los otros le siguieran.

Cada persona es un mundo,
nos dice el ínclito sabio;
con su decir tan fecundo
él consiguió el desagravio.

Es ocioso pretender
que la pena y la concordia
se vayan nunca a entender
en este mar de discordia.

EL AMANECER

Se viste por la mañana
de perfumados claveles
y desde hora muy temprana
luce brillantes caireles.

Por ser hijo de la noche
odia a la muerte y al duelo,
siendo su horror el reproche
y su pena el desconsuelo.

No puede hacer el milagro
de vivir eternamente,
es un asunto tan magro
que no es propio del repente.

Nace hermoso cada día,
muriendo al llegar la noche
la que con alma sombría
lo cierra con negro broche.

El depredador

Qué belleza tan divina,
qué orgullo tan especial
siente la foca marina
en agua superficial.

Ella nada confiada,
pero la orca asesina
está siempre agazapada
con su gran hambre canina.

Cuando menos se lo espera,
su enemiga va hacia ella
y de forma torticera
con su boca la dentella.

La infeliz foca termina
engullida por la orca
fiera, cruel y dañina
que se merece la horca.

El grajo y la paloma

Volando bajo va el grajo,
rozando la verde loma,
mientras canta el arrendajo
y zurea la paloma.

El grajo viste de luto,
la paloma de colores
y el arrendajo, el astuto,
se camufla entre las flores.

Son familia de los córvidos
y enormemente ruidosos,
pero grandemente mórbidos,
además de escandalosos.

Les agrada el campanario
de las torres eclesiales,
donde rezan el rosario
las mozas y los zagales.

EL HALCÓN

El colorín colorado
es de colores diversos
y cual querubín alado
lleva en el pico estos versos
para todo el que es amado.

Amado es quien mucho ama
y un gran amor le desborda,
de donjuán lleva la fama
y de arrojar por la borda
el amor de cualquier dama.

La flama rescoldos deja
que alimentan la pasión,
manteniendo a la pareja
ungida por la razón
y el sabor de una lenteja.

Se asemeja por la forma
que ambos tienen de volar
al corazón de la alfombra
y al halcón cual vendaval,
adelantando a su sombra.

La sombra que le persigue
detrás de él se va quedando
y el halcón volando sigue
y la lenteja esquivando
cuando el halcón la persigue.

El jardín

Un jardín tiene el valor
de una eficaz medicina,
en su máximo esplendor
él a lo seco domina.

Cuando yo un jardín contemplo,
se me encienden las neuronas,
me recuerda al viejo templo
donde rezan las personas.

Al llegar la primavera
y cuando el jardín florece,
el cortar la flor primera
es placer cuando amanece.

Su perfume, su belleza
es lo que el jardín me ofrece;
él borra cualquier tristeza,
pues siempre bello permanece.

El vuelo

La paloma que volaba
con sus dos alas al viento,
ella en su buche llevaba
de sus hijos el sustento.

A su nido la paloma
pensaba pronto llegar,
y cuando al nido se asoma,
lleva a sus hijos el yantar.

Pero a la infeliz paloma
un cazador abatió;
nunca más cruzó la loma
y su nidada murió.

Volar libre allá en los cielos
siempre peligros encierra
y los que frustran los anhelos
de los hijos de la tierra.

En las alturas

Cumbres altas y empinadas
siempre de nieve cubiertas,
por monteros añoradas
al ser personas expertas.

Su cima es como un imán
de escaladores, deseo
siendo a veces un volcán
que abrasa hasta al fariseo.

Son madres de la colina
que se eleva por la España,
donde en su mermada cima
tiende su manto la araña.

La colina que se halla
de encinas grises cubierta,
allí la floresta estalla
con belleza manifiesta.

GRACIAS

El viento meció su cuna,
las olas mueven su nave,
y la arena de la duna
que dentro de un vaso cabe
la besa con luz de luna.

Su canto anima a los dioses
y es su voz de terciopelo
la que a los santos precoces
y a los ángeles del cielo
llena de indecibles goces.

Cuando por las sendas pasa,
la besan las mariposas,
es como del pan la masa
y la esencia de las cosas
que no tiene par y pasa.

Por el día el sol la baña,
por la noche ella ilumina,
y no es una cosa extraña
que, cuando altanera camina,
salte sin miedo la braña.

Siempre agradece a la tierra
que dio vida a su escultura,
y que su esencia la encierra
donde vive la hermosura
y ya no existe la guerra.

HOLA, OLA

Hola, se dice a la ola
cuando en la playa aparece;
ella nunca viene sola,
un suave viento la mece.

El rumor que ella produce
arrulla, sí, a quien la escucha,
de lo cual ya se deduce
que belleza tiene mucha.

Quienes temen a las olas
y de las olas se apartan
se abrazan a las farolas
y de besarlas se hartan.

Una ola en su belleza
apasiona al navegante,
quien la abraza con presteza
sin perderse ni un instante.

La patata

Alimento, la patata,
a Colón se lo debemos;
verde y florida es su mata,
comerla todos podemos.

Es fácil de cultivar,
rica está como ninguna,
múltiple es su cocinar,
ella acabó con la hambruna.

La Iglesia la prohibió
por crecer bajo la tierra;
al demonio la asoció,
declarándole la guerra.

No sabemos quién lo hizo,
quién se saltó el anatema
y acabó con el hechizo
de aquel oscuro dilema.

LA PIEDRA

La piedra en que tropecé
se interpuso en mi camino,
desde entonces comencé
mi tremendo desatino.

Todo es volver a empezar,
siendo el hombre que no medra
quien volverá a tropezar
de nuevo en la misma piedra.

Piedra, la que se interpone
en el curso de la vida,
la que en el tiempo dispone
de la esperanza perdida.

El que vuelve a tropezar
no se merece el perdón,
pues piensa en poder hallar
una piedra de algodón.

Lagomorfos

Nacido en Atamaría,
muy cerca del mar Menor,
donde al despertar el día
se extendía la calor.

Aquel lugar le encantaba,
de allí no se quería ir,
algo que le fascinaba
era ver a las cabras parir.

Sentía amor por los conejos
cuando por la vez primera
los podía ver de lejos
salir de la madriguera.

Eran bolitas peludas,
de todo, menos amorfos;
él ya nunca albergó dudas
de que eran lagomorfos.

Mas por causa del destino
y del puro devenir,
emprendiendo otro camino
se vio empujado a partir.

LAS HORTENSIAS

Hortensia, nombre de santa
y de preciosa mujer,
la que con su flor levanta
los albores del ayer.

Sus flores son deliciosas,
su color el alma alegra,
son tan perfectas y hermosas
que aquí el mortal las celebra.

Quién no siente su belleza,
quién no goza al contemplarlas,
quién no pierde la cabeza,
quién no quisiera besarlas.

Sólo mirarlas produce
un inmenso bienestar,
de lo que aquí se deduce
que a estas flores se ha de amar.

VERANO

Cuando llegaba el estío,
despertaban las cigarras,
cantaban en el baldío
y en las verdes alcaparras.

Mientras otras laboraban
pensando en el duro invierno,
las cigarras alegraban
con su cantar sempiterno.

La actitud de la cigarra
que canta con desparpajo
a la sombra de la parra
alegra al que está debajo.

Pues todo no es trabajar,
la alegría es necesaria;
de la cigarra el cantar
hace que ría el pobre paria.

VIVA LA NATURALEZA

Todo lo que es natural
del cielo nos viene dado.
Ello es un don especial
que, sin buscarlo, es encontrado
con certeza proverbial.

Pues cuánta belleza encierra
un simple ramo de rosas
y qué preciosa es la tierra
que nos da tan bellas cosas
y, por desgracia, la guerra.

Párate a pensar, amigo,
cuán grande es nuestra fortuna
por hallarnos al abrigo
de la eterna y blanca luna,
que es el celestial testigo.

Cantemos a la natura,
porque nos pare y nos cuida;
ella es la madre más pura,
la que engendra nuestra vida
con la máxima ternura.

Nacemos para morir,
fugaz nuestro resplandor
que nos permite vivir
por mor de algún dios menor
que nos conmina a sufrir.

VOLÁTIL

Desde las verdes praderas
hasta los secos rastrojos,
donde las dulces chumberas
que dan frutos verdirrojos
al amor de las higueras.

Llanuras de altos trigales,
tierra fértil, llana y parda,
donde juegan los zagales
viendo volar la avutarda
a través de los bancales.

En Castilla, do se halla
ave bella y prodigiosa,
donde libra su batalla
con la extinción que la acosa
y el hombre que la avasalla.

Grácil remontando el vuelo,
es bella, escasa y hermosa,
anda pesada en el suelo,
mas vuela cual mariposa
en el confín de su cielo.

Dicen que estas aves vienen
de los mismos dinosaurios
y que aún hoy se mantienen
en los sitios esteparios,
donde a sus crías ellas tienen.

V. LUGARES

A Estepona

Decide su ayuntamiento,
quizá su alcalde en persona,
convocar un gran evento
en la ciudad de Estepona.

Ciudad moderna y hermosa
que recibe al visitante
en su playa esplendorosa
al abrigo del levante.

El premio resultará
de una insigne nombradía,
con ello se encumbrará
a la inmortal poesía.

Género noble y bendito
el de la eterna poesía,
igual da hablado que escrito,
es dulce cual malvasía.

Y si a Estepona tú vienes,
seguro que volverás,
y así tú ilusión mantienes,
pues su mar preferirás.

CAMPEROS

En tiempos de la escasez
había los pobres zagales,
que en su más tierna niñez
saltaban los cornijales
venciendo su timidez.

Tierra pobre de secano
la que había en aquel lugar,
do cultivaban a mano
yendo con hoz a segar
en un quehacer inhumano.

Las cosechas, muy menguadas,
los jornales irrisorios
y las madres desoladas
clamando en los consistorios
tristes, solas y enojadas.

Era un poblado sin nombre
donde los hombres sufrían.
Por favor, nadie se asombre,
de hambre los niños morían
en aquel pueblo sin nombre.

Por desgracia hay más lugares
como el del triste poema
donde los niños a pares
con una obligada flema
sufren carencias a mares.

El Averno

Dicen que el Averno es
lugar de castigo eterno,
donde el ruso y el maltés
viven en su justo infierno.

Allí las almas se inmolan
a causa de sus pecados
y a todas las apiolan
por sus infieles pasados.

No sé si el Averno existe,
a mí nadie me lo ha dicho,
tal vez sea el toro que embiste
por mandato o por capricho.

Qué más infierno, paisanos,
que el que desata la guerra,
se masacran entre hermanos
hollando a la madre tierra.

Procuremos evitar
caer en esa desgracia,
que sería la de votar
versus cualquier democracia.

El mar Menor

Hoy de nuevo yo he de hablar
del lugar donde nací,
donde había un pequeño mar
al que siempre limpio vi.

Hoy la desidia y la usura
en cloaca convirtieron,
inmundicias y basura
su belleza corrompieron.

Qué pena de mar Menor,
cuyas aguas cristalinas
hoy dan pena, dan horror,
ya no hay mújol ni sardinas.

Mal nacida sea la hora
en que la especulación
cubrió su costa, y ahora
ya no existe solución.

En estos tristes momentos
yo contemplo con horror,
pidiendo a los cuatro vientos
auxilio a mi mar Menor.

EL MÁS ALLÁ

Nos prometen la dulzura,
la que está en el más allá;
aquí nos dan la locura
de la negra tempestá.

Pero es en el más acá
donde padecen las ánimas,
donde nuestro mundo está
inmerso en valle de lágrimas.

El placer nunca se alcanza,
ni así la felicidad;
mucho menos la templanza,
ni la esquiva libertad.

Y en este mundo tan viejo
nada es verdad ni mentira,
todo es un puro manejo
de quien enciende la pira.

Tú a lo tuyo, viejo amigo,
que nada te vendrá dado,
procura estar al abrigo
del mal amigo malvado.

El Paraíso

Nos dicen que el Paraíso
es el premio de los justos,
donde suben de improviso
las almas de los injustos
que en el cielo nadie quiso.

Es una bella promesa,
mas todo es cuestión de fe,
que a los cautos embelesa,
mas a esta nadie la ve,
pues marcha en rauda calesa.

Si tu vida es ejemplar
y abrazas los sacrificios,
el cielo podrás lograr
sin penas ni maleficios
que te hagan naufragar.

A los justos se les pide
que repartan sus caudales,
siendo otro el que decide
quién canta los verdiales
y sus dineros divide.

Son las cosas materiales
las que quien tiene disfruta
de los redichos caudales
y del dulzor de la fruta
de los prohibidos frutales.

El pescador

Vuelve mi barca a la mar
cuando se consume el día,
para el sustento pescar
al borde de la bahía.

Las sardinas y las bogas,
anguilas y salmonetes
izo usando fuertes sogas,
pero evito los chanquetes

Es la pesca noble oficio
donde ganarse el sustento
con bastante sacrificio
al amor de barlovento.

Cuando a puerto el barco llega
y descarga su captura
en una lonja gallega,
unos practican la usura.

El pueblo

Es un pueblo de montaña
que, según los visitantes,
es el más bello de España
disfrute de caminantes.

En su centro hay una iglesia
en lo que antes fue mezquita,
donde le ofrecen magnesia
a quien más lo necesita.

El pueblo tiene dos ríos
y muy pocos habitantes,
gran caudal en los estíos
y peces muy abundantes.

Tener agua fresca y pura
es tal que una bendición,
ya que la ignorancia cura
y aumenta la erudición.

La moraleja es certera:
gracias al agua vivimos
y es así de esta manera
que de su seno partimos.

EN EL TRIGAL

Comparo el verde trigal
con el zagal que camelo,
rubio se tornó el bancal
como el color de su pelo.

El joven también me quiso
hasta que todo cambió,
y como el marqués del Viso
un día me abandonó.

La culpa tuvo el dinero
de otra moza del lugar,
quien con hacer traicionero
me lo consiguió quitar.

Y ahora en silencio yo lloro
sin esperanza ninguna
y es a los cielos que imploro
que cambien mi desfortuna.

ENERGÍAS

Hoy no me encuentro con fuerzas
para la vida encarar,
mustio estoy, como las berzas
después de verlas cortar.

Todo ha de estar en su sitio
ocupando su lugar
y hasta el uso de un mal ripio
es preceptivo aceptar.

Si no tengo suficiente
para a tu lado yo estar,
eso que importa a la gente
que lo que quiere es medrar.

Yo me mantengo en el sitio
para el que yo fui creado,
es preferible el mal ripio
a vivir avergonzado.

Así es como me mantengo,
luchando con la marea,
defendiendo mi abolengo
que no es pequeña tarea.

LA CUEVA

Excavada en la ladera
de vivienda les servía,
ni agua tenía siquiera
y eso nadie lo sabía.

Vivían tan pobremente
que sus cuerpos se mecían;
movidos por la corriente,
plumas de ave parecían.

Eran pobres e ignorados
como si humanos no fueran
y eran hasta despreciados,
porque pobres ellos eran.

Y así marchaban sus vidas
por designios del destino,
sus almas desprotegidas
no encontraban el camino.

La mar eterna

Cuando la duda me asalta,
en la mar hallo refugio.
Allí está lo que me falta.
Navegando en mi artilugio,
llevo la frente muy alta.

Mi barco es de espuma y viento,
su timón de sol bendito,
navega con mucho tiento
en ese mar infinito
muy unido al firmamento.

Cuando mi barco navega
en esa mar grande y pura,
nunca varado se queda;
él cumple su singladura,
pues tiene el casco de seda.

El barco del que yo hablo,
como puedes colegir,
no lo tumba ni un diablo
y nadie lo puede hundir
ni con hiriente venablo.

Espero que este, mi barco,
te haya podido llevar
cruzando el inmenso charco
que comienza en Gibraltar
en los dominios del narco.

La Rosaleda

Hay en Madrid un lugar
que llaman la Rosaleda,
donde es dado contemplar
la su florida alameda.

Será su sutil perfume,
serán sus bellos colores,
la Rosaleda presume
de sus ideales flores.

Fue allí donde te encontré
una soleada mañana
y así yo me enamoré
de tu cara tan serrana.

Las rosas de la alameda
un mal día se marchitaron
y ahora sólo me queda
el sabor que me dejaron.

Llanura cerealista

Llanura cerealista,
la de pajizos rastrojos,
donde se pierde la vista
entre punzantes abrojos.

Con las mieses ya maduras
que esperan ser vendimiadas
para sin grandes premuras
ser en la era trilladas.

El grano guarda en su seno
la harina que el pan nos da,
y si el grano es de centeno,
también pan producirá.

Es posible que estos versos
no conmuevan al lector;
yo, poniendo mis esfuerzos,
prometo hacerlos mejor.

Los infiernos

Dicen que el Infierno existe,
y que por Dios fue creado,
y que en el tiempo persiste
como castigo al malvado.

Muy poblado debe estar
de múltiples pecadores,
con sus huesos van a dar
entre tremendos horrores.

El fuego nunca se apaga
y a las almas incinera,
el que la hizo la paga
de tan horrenda manera.

Es que de allí nadie sale,
eso dicen los que saben;
cualquier sufrimiento vale
y los perdones no caben.

Sin fronteras

Soñé que habitaba un mundo
donde fronteras no había,
era un mundo tan fecundo
que allí el hambre no existía.

En él todos se afanaban
en repartir alegría
y carencias no pasaban,
pues todo se repartía.

Allí a nadie le sobraba,
pues suficiente tenía,
mas tampoco le faltaba.
¡Qué bendita profecía!

Pero cuando desperté
y seguían las excepciones,
con desconsuelo lloré
en mi lecho de cartones.

SURESTE

En el sureste nací
y allí mismo me criaron,
luego me marché de allí
y en Sevilla me aceptaron.

En Morón yo me casé
con la que es mi compañera,
nunca en mi vida pensé
ni que ese pueblo existiera.

Mi vida siguió su curso
y a Morón seguí ligado,
con este simple discurso
quiero dejarlo sentado.

Además de familiares
de la madre de mis hijos,
conservo en sus olivares
mis amigos más prolijos.

Hasta el día en que marcharé
llevaré en mi corazón,
y de amarla no dejaré
a esa ciudad de Morón.

Tierra adentro

Málaga de tierra adentro,
con capital Antequera,
donde la paz siempre encuentro
cuando voy en primavera.

La tradición manifiesta
de sus dulces navideños,
presentes en cualquier fiesta
son verdaderos ensueños.

Tiene una fértil llanura
donde crece el cereal
y una montaña muy pura
con su sierra del Torcal.

Si te acercas a Antequera,
visita su parador,
es maravilla hotelera
y es verdadero primor.

Tierra de Nunca Jamás

Tierra de Nunca Jamás
donde no existe la guerra,
ni el odio hacia los demás,
ni una infeliz vida perra.

En ella no existe el vicio,
ni la triste desventura,
ni tampoco el precipicio,
ni el germen de la locura.

Qué delicia es esa tierra
de pura tranquilidad;
la puerta allí nadie cierra,
sólo existe la bondad.

Busco ansioso este lugar
para quedarme a vivir
y allí poder reposar
cuando me toque morir.

TRIMILENARIA

Cartagena, la que tiene
aires de antigua señora,
la que en sus manos sostiene
una milenaria historia.

Ciudad del tercer milenio,
la que en la mar se refleja,
la que con su gran ingenio
al foráneo absorto deja.

Contemplando su horizonte
de color azul celeste,
hace que se vea el monte
de naturaleza agreste.

Aunque playas tiene pocas,
hay una de arena fina
con unas pequeñas rocas,
la sin par Cala Cortina.

VERANEOS

De nuevo llegó el verano
con sus tremendos calores
que abruman al ser humano.
¡Verano de mis amores!

A mí me gusta el verano,
porque son largos sus días
y me levanto temprano
para escribir mis poesías.

Y si alguien las escucha,
me daré por bien pagado,
mientras me doy una ducha
en la piscina de al lado.

Y en esta bendita hora
he de marcharme a la playa
para, usando mi motora,
pescar peces en la raya.

Índice

www.ingramcontent.com/pod-product-compliance
Lightning Source LLC
LaVergne TN
LVHW091205150826
845672LV00005B/1250

* 9 7 8 8 4 1 0 0 7 6 1 9 8 *